असमंजस

मेरे माता-पिता, परिवार और सभी दोस्तों के नाम…

प्रस्तावना

मुझे नहीं पता था कि एक कवि क्या होता है। कौन होते हैं वो लोग जिनको कवि कहा जाता है, मैं नहीं जानता था। और ना ही इस शब्द के अर्थ को समझने कि मुझे कोई जल्दी थी।

पर मैं इतना ज़रूर जानता था कि कुछ लोग होते हैं जो अपनी बात कहने से ज़्यादा उसे लिखकर बताने में यकीन रखते हैं। वही जो कहानियां, आर्टिकल्स, ब्लॉग्स, गाने या फिर नोवेल्स लिखते हैं। और इन्ही के जैसे कुछ होते हैं जिनके मन की बातें उनके पेन से होती हुई खाली पन्नों पर कविताओं के रूप में निकलती हैं। जिनके अलग-अलग तरह के रूप, रंग, ढंग और प्रकार होते हैं।

वक्त के साथ पता चला कि मैं भी उन्हीं लोगों में से हूं जिनको कहने से ज़्यादा लिखकर बताने में मज़ा आता है। अपनी बातें दूसरों से कहने से पहले खुद से कर लेने में कुछ एक सुकून भी छुपा हुआ है और कुछ थोड़ी हिम्मत भी।

इस किताब में जितनी भी कविताएं हैं, वो सब उन ख्यालों की निशानी हैं जो कभी न कभी मेरे ज़हन से होते हुए इन पन्नों तक पहुंची हैं। और इनको 'असमंजस (कन्फ्यूज़न)' इसलिए कहा गया है क्योंकि भले ही ये कविताएं एक खयाल के अंत को दर्शाती हैं, मगर उस अंत तक पहुंचने का जो रास्ता तय हुआ है उसकी शुरुआत और आगे का सफ़र ना ही इतना आसान था और ना ही साफ।

– कातिब

कविताएँ

दिल

एक कवि को मरते देखा

यार सिन्हा जी

कमज़ोर

सोचो

लड़ाई

वो लड़की धूम-धड़ाका है

खिड़की

चल ना, कहीं चलते हैं

डर

मुआ दिल उदास है

किरदार

हौसला

दोस्त का प्यार

हिरण

तुम जब आओगी

बालकॉनी

फ्रेंड रिक्वेस्ट

मकान

माँ

अख़बार

जिंदगी में जितने भी कवियों और लेखकों को पढ़ा है, उन सभी को ये किताब समर्पित कर रहा हूं क्योंकि उन्हीं को पढ़कर सीखा है कि लिखा कैसे जाता है और अपनी बात को एक नज़्म का आकार देकर कैसे कहा जाता है।

और साथ ही अपने घरवालों और सभी दोस्तों को भी जिनको मैं अपनी कविताएं वक्त-बेवक्त सुनाता आया हूं। उन सभी लोगों का दिल से धन्यवाद जो मेरे पोएट्री शोज़ में कभी न कभी आये थे, खुद परफॉर्म करने या फिर बस दूसरों को परफॉर्म करते हुए देखने।

उन्हीं से ये पता चला कि कविता कहना जैसे एक कला है वैसे ही कविता सुनना भी उतनी ही महत्वपूर्ण कला है।

"दिल"

आज तक दिल के ऊपर जितनी भी तमाम बातें लिखी गई हैं, अनगिनत नग़्मे, किस्से, कहानियां कहीं गई हैं, उन सभी के बीच मैंने भी अपने ये लफ़्ज़ कहकर अब लोगो के हवाले कर दिए हैं। अब चाहे इन्हे समझा जाए या बेदखल कर दिया जाए वो पढ़ने और सुनने वाले ही जाने।

मैंने इसलिए कहा क्योंकि अपना ख्याल कहना जरूरी होता है। और अगर ना भी कहता तो भी कोई पहाड़ नहीं टूटता। सो कहकर मन हल्का करना बेहतर समझा।

(कविता अगले पृष्ठ पर)

हवा की बहती चाल सा भी,
बिन मौसम बरसात सा भी,
शनिवार के अख़बार सा भी,
ये दिल कितना
चंचल साला,
नटखट साला,
बेघर साला,
बेमन साला

इसमे इसका दोष है कोई
या इसकी तक़दीर ही है,
दिल के सारे कामों में
ये दिल पीछे रह जाता है

कभी फिरे है आवारा
तो कभी है लगता बेचारा,
खुद को ही ना जाने है
या पहचाने है जग सारा?

दिये की जलती लौ सा है
हो धीरे-धीरे उजियारा,
पहले अंदर-अंदर तड़पे है
फिर छलके जैसे मय का
प्याला

मासूम भी कितना है देखो
ना दुनियादारी समझे है,
जो हाथ बढ़ा दे अपना कोई
संग उसके ही ये चल दे है

जितना ये निर्दोष है लेकिन
उतना ही है दोषी भी,
कभी मर्यादा में रहता है
कभी होता है विद्रोही भी

तुम दिल की जितनी बात करो
सुबह से लेकर रात करो,
ज़ाया कितने भी लम्हात करो
इस दिल को दिल ही रहना है

तो इसको इसके हाल पर छोड़ो
छुपे हुए कुछ राज़ टटोलो,
ज़िद पर आए तो कान मरोड़ो,
हैं टूटे जितने भी तार वो जोड़ो

और इस दिल को रहने दो
आवारा
चंचल, नटखट, बेघर साला
गर मिल जाए जिसको ढूँढ़ रहा
है
तो मिल जाएगा इसको जग
सारा

हवा की बहती चाल सा भी,
बिन मौसम बरसात सा भी,
शनिवार के अख़बार सा भी,
ये दिल कितना
चंचल साला,
नटखट साला,
बेघर साला,
बेमन साला।

"एक कवि को मरते देखा"

मुंबई में मुझे पोएट्री ओपन माइक्स और शोज़ होस्ट, ऑर्गनाइज और क्यूरेट करते हुए 5 साल से ज़्यादा का वक्त हो चुका है। और इन सालों में मैं कई नए एंड अपकमिंग पोएट्स के साथ-साथ कई फेमस कंटेंपरेरी और कई सेलेब्रिटी पोएट्स से मिला और उनके साथ काम भी किया।

इन सभी के किस्से, कहानियां, नज़्में और ग़ज़लें सुनने के बाद, इन्हें थोड़ा बहुत समझने और कुछ से दोस्ती होने के बाद हर एक कवि की अलग-अलग जिंदगियों से होते हुए समझ आया कि एक कवि जितना बाहरी तौर पर जिंदा होता है, वह अंदर से उतना ही मरा हुआ भी होता है।

वह लोग जो ख़ुदके और दूसरों के बारे में, अपने शब्दों को कविता के किसी रूप में ढालकर बयाँ करते हैं, उनमें जिंदगी को अपने शब्दों में पिरोकर कहने की काबिलियत तो होती ही है, लेकिन वह उन शब्दों के पीछे छुपे हुए अनकहे मतलब और परिस्थितियां परखने की भी समझ रखते हैं।

और एक कविता लिखते हुए कवि कितनी बार जीता है और कितनी बार मरता है, यह कविता उसी कवि की कहानी बयां करती है।

(कविता अगले पृष्ठ पर)

एक कवि को मरते देखा
उसको जग से लड़ते देखा
जितना अच्छा लिखता था वो
उतना उसको तड़पते देखा

एक कवि को मरते देखा

उसकी नज़्म के क्या कहने थे
सब दिल थाम सुना करते थे
वाह-वाह की गूँज उठी तो
उसको फिर चमकते देखा

एक कवि को मरते देखा

देखे कितने और भी थे
कुछ नज़्में कुछ शोर भी थे
कुछ शब थे कुछ भोर भी थे
कुछ बरसे घनघोर भी थे
उन सब को आते जाते देखा

एक कवि को मरते देखा

वो इक मोड़ से गुज़र रहा था
सब कहते थे सँवर रहा था
पर अंधेरों से उलझ रहा था
मन ही मन वो तड़प रहा था
ना हमने अपना हाथ बढ़ाया
झूठा ही, पर ना साथ जताया

उसी मोड़ पर चलते चलते
काटे उसने थे दिन गिन-गिन
खुद से खुद ही गया वो छिन
कभी ना ऐसा मंज़र देखा

एक कवि को मरते देखा

नज़्में उसकी मिली है बाकी
कुछ पूरी तो कुछ हैं आधी
आधी नज़्में मैं ले आया
पढ़कर उनको जान ये पाया

उसके दिल में था एक समंदर
मचा हुआ था कोई बवंडर
फँसा हुआ था उसी के अंदर
कभी नहीं वो ये कह पाया

कि दर्द दिलों के बांट लो भी
सही जाए ना अब तन्हाई
ग़म की काली है परछाई
नींद ना कबसे मुझको आई

अब उसको चैन से सोते देखा
एक कवि को मरते देखा
उसको जग से लड़ते देखा
जितना अच्छा लिखता था वो
उतना उसको तड़पते देखा

एक कवि को मरते देखा।

"यार सिन्हा जी"

एक पिता-पुत्र के रिश्ते को बयां कर पाना, पिता और पुत्र दोनो के लिए ही काफी मुश्किल होता है। वह दोनो एक दूसरे के लिए क्या महसूस करते हैं, क्या सोचते हैं एक दूसरे से कितना कुछ कहना चाहते हैं, वह अक्सर चाहकर भी नहीं कह पाते।

मेरे साथ भी ऐसा ही कुछ है। इसलिए इस कविता के माध्यम से जितना कहना चाहता था उसका कुछ हिस्सा कहने की कोशिश की है।

(कविता अगले पृष्ठ पर)

करते हो कमाल सिन्हा जी
हो गए पचपन साल सिन्हा जी
मूँछें छोटी हो गई हैं
और उड़ गए सारे बाल सिन्हा जी

यार सिन्हा जी

जीवन है पतवार सिन्हा जी
तुमने नैया पार लगा दी
मौसम तो कितने बिगड़े थे
तुम भीगे कितनी बार सिन्हा जी?

बीवी, बच्चे, भाई, बहन, माँ
बस माँ से छोटे हैं सिन्हा जी
छोटे से अपने काँधों पर
ढोते हैं घर बार सिन्हा जी

बौराया बचपन जब बीता
पड़ा गले शादी का फ़ीता
कुछ ही साल में बच्चे हो गए
मुआ जवानी कैसे जीता?

यार सिन्हा जी

कब से हो चुप चाप सिन्हा जी
कह भी दो दो-चार सिन्हा जी
दिल में जो भी बातें हैं
करती हैं ना परेशान सिन्हा
जी?

छोटे थे जब आप सिन्हा जी
बोए थे कुछ बीज सिन्हा जी
उन पेड़ों से कितनी हमको
मिलती है अब छाँव सिन्हा जी

करते कितना काम सिन्हा जी
तेवर भी हैं ठाठ सिन्हा जी
कोई भी दुविधा आने पर
रहते सीना तान सिन्हा जी

नई कोई शर्ट पैंट पहनकर
हो गए हैं तैयार सिन्हा जी
पर ज़िंदगी की इस भाग दौड़ में

अब धीमी क्यों है चाल सिन्हा जी

जब भी आँधी आई सिन्हा जी
हुई बहस या कोई लड़ाई
मायूसी की दस्तक जब छाई
खुद बन गए दीवार सिन्हा जी

पर मुझको ये भी बतलाओ

तुम रूठे कितनी बार सिन्हा जी
तुम रोए कितनी बार सिन्हा जी
कितने वो आलम ऐसे थे
तुम हारे कितनी बार सिन्हा जी

तुमको तो याद ही होगा

गांव की मिट्टी, कुएं का पानी
छत पर बांधी मच्छरदानी
रात रज़ाई, मार पिटाई

पहली सिगरेट, पहली दारू
हल्ला गुल्ला, शोर शराबा
बच्चा जो था घर से भागा
लौट के आया, बोझ उठाया
लॉन चुकाया, घर बनवाया
कितने रिश्तों का दिल बहलाया
पर फर्ज़ से अपने हिल ना पाया

क्या ख़ूब है ये अंदाज़ सिन्हा
जी
जोड़ी पाई पाई सिन्हा जी

अरे हक़ बनता है ठहरो थोड़ा
अब लेलो थोड़ी सांस सिन्हा जी

बाकी जो हैं काम सिन्हा जी
अरे हो जायेंगे यार सिन्हा जी
थक गए हो तो काँधे पर
रख दो अपने हाथ सिन्हा जी

यार सिन्हा जी

करते हो कमाल सिन्हा जी

हो गए पचपन साल सिन्हा जी
मूँछें छोटी हो गई हैं
और उड़ गए सारे बाल सिन्हा जी

यार सिन्हा जी।

(यह पृष्ठ जानबूझकर खाली है)

"कमज़ोर"

यह कविता हर उस इंसान के लिए है जो किसी ना किसी वजह से, किसी ना किसी तरह का जुल्म बर्दाश्त करता आ रहा है। भले ही वो जुल्म उसे जिंदगी से मिला हो, अपने करीबी लोगो से या फिर खुद से ही।

सभी की सहनशीलता का घड़ा एक दिन भरकर टूट जाता है। मगर उस दिन के आने तक हज़ारों परेशानियों के बावजूद, आप आगे बढ़ते रहते हो। इस कविता में बस उसी हौसले की बात कही गई है। उम्मीद है आप तक ये खयाल ज़रूर पहुचेगा।

(कविता अगले पृष्ठ पर)

कमज़ोर वो नहीं है
जिसने खाई लाठी
जिसने झेला घूंसा
जिसका खून खौला
फिर भी कुछ ना बोला

कमज़ोर वो भी नहीं है
जिसका दिल टूटा
रिश्ते जिसके उधड़े
आंसू बहे मगर
फिर भी कुछ ना बोला

हां कमज़ोर वो है लेकिन

जिसने मारी लाठी
जिसने मारा घूंसा
दिल जिसने तोड़ा
रिश्ते जिसने बिगाड़े

बस फर्क था दोनों में
डर किसमे कितना था

वो मारकर भी हारा
और जो सह गया वो जीता।

(यह पृष्ठ जानबूझकर खाली है)

"सोचो"

'सोचो' का खयाल तब आया जब ज़िंदगी के किसी हिस्से में काफ़ी दिनों तक फसे रहने के बाद अचानक से एहसास होता है की हम 'फसे' हुए हैं। जब ये बात सूझी, तो सोचा कि उसे लिख देना ही बेहतर है। और लिखा भी तो ऐसे दौर के बारे में कि जब वो आता है तो इंसान करता कम और सोचता ज़्यादा है।

(कविता अगले पृष्ठ पर)

सोचो
के हमारी अधूरी कहानी
पूरी हो रही है

सोचो
के हमारे दरमियां कम
दूरी हो रही है

सोचो
के सोचने में कुछ नहीं जाता
सोचो
जो सोचने से डरते थे
उसकी मंजूरी हो रही है

सोचो
के तमाम दूरियों, रुस्वों के बाद भी
हम तुम मिलते हैं राहों में

सोचो
क्यों न रुकें, हाल पूछें आपका
ये किस बात की मजबूरी हो रही है।

(यह पृष्ठ जानबूझकर खाली है)

"लड़ाई"

हमारे मन में जो दो आवाज़ें होती हैं, वही जो हमे सही और गलत, अच्छा और बुरा, एंजल और डेविल के बीच का अंतर समझाती हैं। यह कविता उन्हीं आवाज़ों के लिए हैं। जिनमें से कभी हम सही आवाज़ का साथ देते हैं, तो कभी गलत का। ना ही हम हमेशा एंजल होते हैं और ना ही डेविल। और जब कभी दोनो में से किसी एक का पडला भारी होने लगता है तो दूसरी, मन में दबी हुई आवाज़ बाहर निकल कर एक पुकार बनना चाहती है। यह कविता उसी पुकार तक पहुंचने की लड़ाई की बात करती है।

(कविता अगले पृष्ठ पर)

करते हो क्यों लड़ाई
खुद से तुम मेरे भाई
क्या मामला हुआ है?
कैसी बला है आई?

इस बार किस्से भागे
किस्से है मुह को मोड़ा
तुम तो तन्हा ही जी रहे थे
क्या तन्हाई को भी छोड़ा?

अब चुपचाप क्यों खड़े हो
कैसी सूरत है ये बनाई
मारे शरम के थोड़ा
कुछ कह भी दो मेरे भाई

तंग आ गया हूं खुद से
फिर खुद से ही हारी है एक
लड़ाई
जो देनी है वो सज़ा दो
ना दूंगा मैं गवाही

मजबूर ना मैं तब था
मजबूर ना मैं अब हूं
मेरे हौंसले हैं हारे
पर मैं हारा नहीं हूं

तुम तोहमतें लगा लो
मेरा नाम तुम उछालो
हंस लो चाहे मुझपे
या कालीख ही लगा दो

सच कहूं अगर मैं तो
अब फर्क नहीं पड़ता
किसने क्या है बोला
किसने क्या है जाना
मैंने इतना माना
अब फर्क नहीं पड़ता

अब मैं अड़ियल, जिद्दी,
आलसी भी हूं
एक नंबर का लालची भी हूं
जो मन आए मैं करता हूं
मैं कहां किसी की सुनता हूं
मैं इंशा जी को पढ़ता हूं
कुछ ग़ज़लें, नज़्में लिखता हूं
मैंने किए तो बुरे काम भी हैं
मैंने भुगते उनके अंजाम भी हैं
मैंने कुछ दोस्त भी बनाए हैं

पर अपनी जंग में मैं अकेला हूं

मैं दिन दोपहरी भागा हूं
मैं कितनी रातों का जागा हूं
मैं बेहतर बनने की कोशिश में
खुद ही अपना सहारा हूं

तुम पूछते हो क्यों है ये लड़ाई
तुम चाहते हो कि दूं मैं इक सफाई
पर तुम क्या करोगे मुझे जानकर?
तुम क्या करोगे मुझे पहचानकर?

मैं खुद के खयालों की राख-ओ-बू
में
जलता हूं रोज़ाना
मैं खुद के ख़्वाबों की उलझनों में
फंसता हूं रोज़ाना

मेरा बेवजह सहमना
दिल का दहकना
नींदें ना आना
कहीं मन ना लगना
ये आदत बन चुके हैं
रग-रग में बस चुके हैं
बेखौफ अब हैं इतने
बेशर्म हो चुके हैं

मैं ग़लत हो सकता हूं लेकिन
मैं लाचार अब भी नहीं हूं
मैं हारा बहुत हूं लेकिन
बेकार अब भी नहीं हूं

मेरी कोशिशें
मेरी नाकामयाबियों की
मोहताज नहीं हैं
मेरी ख्वाहिशें तन्हा हैं

उनका कोई हमराज़ नहीं है

मैं कुछ बनने की चाह लिए घर
से निकला था
मैं कुछ बन तो चुका हूं पर मैं
घर लौटा नहीं हूं

क्या मैं खुद से, खुद के लिए ही
थोड़ी मोहलत मांग सकता हूं?
क्या मैं कुछ देर अपनी
छांव से बाहर निकल सकता
हूं?
मैं एक सदी में ना जाने कितनी
बार भीगा हूं
क्या मैं खुद को सुखाकर
फिरसे पहन सकता हूं?

बस इतना जान लो

ना शर्त तुम लगाना
ना वादे मैं करूंगा
या मंज़िलें मिलेंगी
या रास्ते में मरूंगा
एहसान इतना करना
एहसान कुछ ना करना
मैं कमज़ोर लग रहा हूं
पर मैं नाउम्मीद नहीं हूं

तबतक, ऐसे ही

चलने दो ये लड़ाई
खुद से तुम मेरे भाई
जो मामलात हुए हैं
कुछ तो बला है आई।

(यह पृष्ठ जानबूझकर खाली है)

"वो लड़की धूम-धड़ाका है"

नए शहर, नई नौकरी और नए लोगों से मिलते हुए, आप कभी-कभी कुछ ऐसे लोगों से मिलते हैं, जो आपसे बिल्कुल अलग, बहुत ही ज्यादा टैलेंटेड और बहुत ही साफ दिल होते हैं। मगर आपको पता चलने से पहले ही उनका आपकी ज़िंदगी में बहुत बड़ा हिस्सा बन चुका होता है।

ऐसा ही कुछ मेरे साथ भी हुआ। एक ऐसी दोस्त मिली जिसकी नज़रों से दुनिया भी देखी और ये भी जाना की तमाम परेशानियों और दुखों के बावजूद भी ज़िंदगी को कितना रंगीन बनाया जा सकता है। बस उसी दोस्त के लिए कुछ शब्दों में अपने एहसास लिखें हैं। उम्मीद है कि आपकी ज़िंदगी में भी जो एक ऐसा शख़्स होगा/होगी, ये नज़्म पढ़कर आप उन्हें याद करेंगे।

(कविता अगले पृष्ठ पर)

अभी जिससे मिलकर आए हैं
जिसे गले लगाकर आए हैं
माथे को चूमकर हम उसके
जिसे रुखसत करके आए हैं
वो लड़की,
वो लड़की धूम-धड़ाका है

जिसके कानों की बाली पर
आधा जग यूंही मरता है
बाकी आधा जो बचा हुआ है
उसके पैरों में गिरता है

जिसे ख़बर नहीं है अपनी आज
पर कल की फिकरें करती है
माथे की शिकन को पौंछ के वो
गिरती है फिर उठकर चलती है

मालूम है जिसको ताकत
अपनी
पर संकोच भी मन में रहता है

फूंक-फूंक कर कदम रखे हैं
थोड़ा जलना भी बनता है

बड़ी मुश्किल से ये पता चला है
क्या जीवन में करना है
आने वाले कल की खातिर
लिया आज से पंगा है

वो लड़की,
वो लड़की धूम-धड़ाका है

जब मिले थे उससे पहली बारी
क्या तुमको हम बतलायें
तीर के जैसे चीर जिगर को
थी हाथ मिलाके मुस्काई

बंबई को भी हमने फिर
उसकी नज़रों से देखा था
अपने रंगों में उसने जब
कैनवास को रंगा था

सावन आंखों में रहता है
आवाज़ में बिजली छुपी हुई है
बादल की वो शॉल पहनकर
इवनिंग वॉक पर जाती है

और सिगरेट के एक कश से
उसके
जितने भी सर घूमते हैं
उन लोगों के लिए तो वो
एक नयी परिभाषा है

वो लड़की,
वो लड़की धूम-धड़ाका है

है वक्त की बहती रेत सी वो
वो सुबह की ताज़ी औंस भी है
मेरे कमरे के आईने में
मिलती मुझसे हर रोज़ ही है

अब थोड़ा धूम-धाम मचायेगी
थोड़ी दुनिया घूम के आयेगी
सीखेगी वो नया तो कुछ
औरों को भी सिखलायेगी

परचम वो लहराकर अपना
जब थोड़ा सा थक जायेगी
मेरे साथ दो कश लगाने फिरसे
वो घर वापस आ जायेगी

वो लड़की,
वो लड़की धूम-धड़ाका है।

"खिड़की"

आज़ादी के सही मायने क्या होते हैं, यह आप कभी-कभी खुद महसूस करने की जगह अपने किसी दोस्त को देखकर भी मालूम कर सकते हैं। यह मुझे तब महसूस हुआ जब मैंने एक दोस्त को कभी अपना घर खुद की बनाई गई पेंटिंग से सजाते हुए देखा या कभी उसे भीड़ के बीच नशे में दिल खोलकर नाचते हुए देखा या कभी बस अपने कमरे की खिड़की पर आकर एक कप चाय और सिगरेट को सुकून से एंज्वॉय करते हुए देखा।

उस पल में समझ आया कि अपने मन से की हुई एक छोटी सी चीज़ भी आपको कितनी ताकत दे सकती है। एक छोटी सी खिड़की और एक चाय का कप कितना पावरफुल हो सकता है, ये भी पता चला।

(कविता अगले पृष्ठ पर)

खिड़की से आती हवा से लड़कर
वो अपनी ज़ुल्फ संवारती है
इस नोक-झोंक से थककर वो
फिर खिड़की पर आ जाती है

थामकर हाथों में कुछ कश
और बालों को करके आज़ाद
इस मायूस शहर की हँसी को वो
फिर से हंसना सिखलाती है

जाने अंजाने में ही फिर
खिड़की की आदत पड़ जाती है
उससे रिश्ता बन जाता है इक
हर रोज़ ही वो नए पहलू दिखलाती है

कभी सामने वाली बिल्डिंग में
वो खुद को बैठा पाती है
कभी रात की शॉल पहनकर वो
तारों से मिलने जाती है

सामने ऊंचे-ऊंचे घर जो हैं
उनके एक दिन घर उसका होगा
ज़ोर से आती ठंडी हवाएं
कानों में कहकर जाती हैं

अब चाय की प्याली लिए हुए
बैठी है वो खिड़की पर
दुनिया को अपने रंगों में
रंगने के ख्वाब सजाती है

एक कश फिर से लेगी अब वो
फिर से इक आह निकालेगी
सामने फिर आईने के आकर
वो अपनी जुल्फ संवारेगी

खिड़की से आती हवा से
लड़कर
वो अपनी जुल्फ संवारती है
इस नोक झोंक से थककर वो
फिर खिड़की पर आ जाती है।

"चल ना, कहीं चलते हैं"

कई दिन, हफ़्तों, महीनों तक एक ही रूटीन में फंसे रहने के बाद एक दिन अचानक ही आपका मन उसे तोड़कर कुछ अलग करने का करता है। और आप कम से कम एक दिन के लिए उन सभी जगहों, लोगों और माहौल से दूर भाग जाना चाहते हो जिनमें अभी तक फसे हुए थे।

ऐसा हम सभी के साथ होता है भले ही आपका जॉब कितना ही क्रिएटिव हो या फिर टेक्निकल। रूटीन सभी का पार्ट होता है। तो ऐसे ही किसी दिन, अपने रूटीन को तोड़ते हुए मैंने अपने किसी दोस्त को कहा कि, चल ना कहीं चलते हैं।

(कविता अगले पृष्ठ पर)

चल ना, कहीं चलते हैं
इस घर से बाहर निकलते हैं
चार दिवारी ठीक है लेकिन
इसे तोड़ कहीं भटकते हैं

तू रख ले पानी की बोतल
मैंने 2 जॉइंट्स बनाए हैं
कहीं लगा के 2-2 कश हम
फिर
दरिया के सामने बैठेंगे

इस भीड़ के संग भी चल लेंगे
जिसे हम सब गाली देते हैं
कोई थका हुआ मिलेगा तो
उसे हेलो-हाए कर लेंगे

कुछ नए मौके आए हैं
उनसे भी शर्त लगाई है
और नींदें गिरवी रख दीं हैं
अब उनको भी छुड़वाना है

कुछ नई नज़्में लिखी हैं
उन्हें तुमतक भी पहुँचाना है
दिल ये थोड़ा भारी है
थोड़ी इसे भी सैर कराना है

जेबें खाली हैं तो क्या?
दिल में अब भी अरमा हैं
कागज़ ये अपना साथी है
और कलम में अपनी जज़्बा है

थोड़ा भटक तो लें हम बंबई में
कितना उबर में बैठेंगे
चल लोकल में चढ़कर आज
चर्चगेट तक चलते हैं

इम्तिहानों की घड़ी में
जब भी हम थक जाएँगे
साथ रहेगा यूँ जो तेरा
फिर गिरकर खड़े हो जाएँगे

वापिस घर जब लौटेंगे
तेरा हाथ थाम मैं बैठूंगा
कुछ गुज़रे उन लम्हों को
हम फिर से साथ में बाटेंगे

तेरे साथ होता हूँ जब भी
ये वक़्त थोड़ा ठहरता है
उन लम्हों में अक्सर मैं और तू
कुछ हमसे हो जाते हैं।

(यह पृष्ठ जानबूझकर खाली है)

"डर"

2020 में जब पूरी दुनिया पैंडेमिक के घेरे में आई तो हर जगह लॉकडाउन हुए। सैकड़ों लोग बीमारी की चपेट में आए, लाखों लोगों ने अपनी जिंदगी खोई, ना जाने कितनों ने आने घरवालों को आखिरी बार देखा, कितनों के घर उजड़े और चारों ओर बस तबाही, गुस्से और डर का माहौल था।

उस समय राइटर्स ब्लॉक से जूझते हुए, पैंडेमिक के दौरान लिखी हुई यह मेरी पहली कविता है।

(कविता अगले पृष्ठ पर)

कदम अब रुके से हैं
होश भी उड़े से हैं,
डर जिगर में है भरा
हाथ कप-कपे से हैं

नब्ज़ क्यों चढ़ी हुई है?
साँस में क्यों थर-थरी है?
किस बात की घुटन है?
सीने में ये क्या चुभन है?

आज एक गरीब फिर
क्यों मरा है भूख से,
क्या उसे नहीं ये हक़ था
वो जीए पल सुकून के?

मौत का भी क़ायदा
देखो तो अजीब है,
ना मुनाफ़ा, ना ही घाटा
बडे पेचीदे उसूल हैं

रात जब भी आती है
दर्द कम हो जाता है,
दिन होते-होते फिर
चोट भी भर आती है

जो गाड़ियों में जा रहा है
वो भी तो बीमार है,
ट्रैन जिनकी बंद है
वो कहीं तो लापता हैं

किसी की नींद उजड़ी है
कोई दम भर सो जाता है,
कुछ दिनों से रोज़ ही
ये दर्द बढ़ता जाता है

ज़िंदगी ने पूछें हैं
जो सवाल हम से अब,
लग रहा है जैसे वो
कोर्स के बाहर से हैं

दिख नहीं रहा है वो
सामने दुश्मन खड़ा है,
इस्से जीतना भी तो
हो रहा मुश्किल बड़ा है

आँस थोड़ी बाकी है
साँस थोड़ी बाकी है,
थोड़ी सी उम्मीद बस
अपने लिए काफी है

वक़्त ने भी कर दिया है
हम पर ये हसीं सितम,
ना हम रह सके ना हम
ना तुम रह सके ना तुम

अभी तो मैं ज़िंदा हूँ
भीड़ में चुनिंदा हूँ,
शायद खुदा का बंदा हूँ
इसलिए मैं ज़िंदा हूँ

थम ना जाए नब्ज़ अब
रुक ना जाए साँस अब,

कोई तो गले लगाले
चैन से मरेंगे जब

कदम अब रुके से हैं
होश भी उड़े से हैं,
डर जिगर में है भरा
हाथ कप-कपे से हैं।

"मुआ दिल उदास है"

मुझे हमेशा से ही किसी भी कॉमन टॉपिक को डिफरेंट पर्सपेक्टिव से पढ़ने या लिखने में बहुत मज़ा आता है। और दिल एक ऐसा टॉपिक है जिस पर लोगों ने सदियों से गाने, नज़्में, किस्से और कहानियाँ लिखी और कही हैं।

तो मेरी तरफ से यह कविता एक थोड़े अलग पर्सपेक्टिव से दिल की बात करने की कोशिश है। इस बार दिल की उदासी पर कुछ लिखा है, आगे कुछ और भी लिखूंगा।

(कविता अगले पृष्ठ पर)

मुआ दिल उदास है
कुछ दिनों से
ग़म को ओढ़े हुआ है

जाने नहीं अपनी बिसात
कमरे में बस
गुत्थी सा उलझा पड़ा है

डाले जो थे इसने फ़रेब
मिली उनकी ही ये सज़ा है
अब कशमकश में सोचता है
जो भी इसके गुनाह हैं

है दिल अज़ीज़ कैसे भला
इसको उदास हम देखें
बस चले तो सारी लगी
तोहमतें हम मिटा दें

पर

ऐ दिल अज़ीज़ तुझको अभी
इस आग में जलना होगा
खोना पड़ेगा चैन-ओ-सुकूँ
अभी और तड़पना होगा

गिन के रखना रातें सारी
जो करवट-करवट गुज़री हैं
नींद-ऐ-सुकूँ आने से पहले
अभी और जगना होगा

मेरे यार दिल
बीमार दिल
लाचार दिल
बेकार दिल
मेरी बात सुन

ये दिल्लगी
जो थी लगी
अब है नहीं
तू उसके बिन
ना दिन यूँ गिन
रातों को जग
उसकी महक
के साथ को
नाज़ुक से इस
हालात को
सीने की ना
तू आग दे

एहसास है
इस बात का
तन्हा सफर
है रात का
ग़म को तू
सीने में लेकर
बढ़ता चला
आगे दिखे
जो रास्ता

शब बीतेगी
दिन आएगा
हो जाएगा
राहे सफ़र
आंसा थोड़ा

तब शायद समझ तू पाएगा
ना बीता वक़्त फिर आएगा
तू यही कहानी दोहराएगा

पर उस लम्हे में
ग़म को ओढ़े
तू खुद को फिर जब पाएगा
तो उम्मीद ये है
की इस बारी तू
नींद-ऐ-सुकूँ सो पाएगा

मुआ दिल उदास है
कुछ दिनों से
ग़म को ओढ़े हुआ है

जाने नहीं अपनी बिसात
कमरे में बस
गुत्थी सा उलझा पड़ा है।

"किरदार"

निजी तौर पर मेरा मानना है हर एक इंसान अपनी ज़िंदगी में अनेक किरदार निभाता है। वह किसी के साथ दोस्त होता है, किसी के साथ बेटा, किसी के साथ अंजान और किसी के साथ दुश्मन भी। वह इसलिए क्योंकि हम अलग लोगों के साथ, अलग सिचुएशंस में, अलग तरीकों से मिलते हैं। ऐसे ही हमें भी अपने अलग-अलग किरदारों की समझ होती चली जाती है।

यह कविता भी मेरे इन अनेक किरदारों की एक छोटी सी कहानी का हिस्सा है। उम्मीद है आप सभी तक जरूर पहुचेगी ।

(कविता अगले पृष्ठ पर)

मेरी इस कहानी का
किरदार भी उधार है,
मेरी इस कहानी में
चेहरे मेरे चार हैं

जाने कब से खुद से ही मैं
पूछता ये आ रहा हूँ,
मेरी इस कहानी का
क्या किसी को काम है?

क्यों सुने वो मेरी बातें
खुद से ही जो कह रहा,
क्या कोई भी फायदा
उनका इसमें है छुपा?

मगर बात ये भी है कि जो
मेरी ये कहानी है,
दुनिया के इस किरदार की
ये आखिरी निशानी है

याद रख लें वो मुझे
ये वक़्त ही बताएगा,
वरना तो गुमनामी में
ये नाम दर्ज हो जाएगा

वैसे भी शौहरत की मुझे
नहीं कोई दरकार है,
लिखने का धर्म मेरा है
लिखने का ही काम है,
लिखने के अंजाम का
नहीं मेरा मुकाम है

चेहरों की जो हैं बातें
सोच कर हूँ थक गया,
क्यों किसी के सामने
मेरा ज़िक्र हो कभी

अकेले ही रहा हूँ अब तक
अकेले ही संभाला है,
अकेले ही अपने ज़ख्मों
को मैंने संवारा है

रात काली मुश्किलें जो
साथ अपने लाती हैं,
मुश्किलों की मुश्किलों को
मुश्किलें सताती हैं

एक ग्लास पानी देके
उसे चाय पर बुलाया था,
बैठकर फिर उसके संग

बात ये हुई थी कि

काली रात से भी काला
क्या कुछ जहाँ में है?
मेरे मन के अंदर भी
काली कोई तो बात है

किस बात की वो बात है
उस बात को भी जानिए,
बातों से समस्या का
हल भी फिर निकालिए

रात के इस अंत में
सुबह की जो शुरुआत है,

बदलते इन चेहरों की
मामूली सी बात है

जाने ये कहानी भी
लेकर जाएगी कहाँ?
ना रहेगी सुबह मेरी
और ना ही होगी मेरी रात

मेरी इस कहानी का
किरदार भी उधार है,
मेरी इस कहानी में
चेहरे मेरे चार हैं।

– कातिब

"हौसला"

अगस्त 2018 में किसी दिन, एक पोएट्री शो में मिले बुरे रिस्पॉन्स के बाद, जोरों की बारिश के बीच, पुणे से मुंबई आती एक बस की आखिरी सीट पर उदास बैठे हुए यह कविता मेरे ज़हन में आई।

उस समय उदासी के बीच में हौसला रखने की बात कह तो दी मगर उसकी अहमियत और मतलब कुछ दिनों बाद एक शो में परफॉर्म करते हुए समझ आया।

जो भी समझा और महसूस किया वही कहा है। बताइएगा कितना सही कह पाया या कितना नहीं।

(कविता अगले पृष्ठ पर)

हाँ हौसला झुका है
ये ज़ख्म फिर मिला है
चोट भी खिली है और
दर्द भी हुआ है,

वक़्त की ही बात है
ये वक़्त ही बताएगा
कि आने वाले वक़्त में
जाने क्या छुपा है जो
इस वक़्त से जुदा है वो
फिर किसी भी वक़्त जो
मुह उठाकर आएगा

मुह उठाकर आएगा
वो जान फिर जलाएगा
बेसुरे से गीतों को
ज़ोर से वो गाएगा
ज़ोर से वो गाएगा
तब समझ में आएगा

कि शोर में कहीं छुपी
है दबी जो शाँति
वो तो है मिली नहीं
जाने उसकी खोज में
आज जो मैं जाऊँगा

आज जो मैं जाऊँगा
क्या पता है क्या खबर
कब उसे मैं पाउँगा
पाउँगा भी या यूँही
बस भटकता जाऊँगा

काली सी इन राहों में
मैं भटकता जाऊँगा
काले से इस वक़्त में
काली रात तोड़कर
काले ज़ख्म ओढ़कर
फिर भी चलता जाऊँगा

एक दिन तो काली रात
खुद भी थक जाएगी
थक वो जाएगी अगर
देखेगी जो इस डगर
मुझे वो चलता पाएगी

मुझे वो चलता पाएगी
हौसलों को देखकर
ज़ख्म फिर कुरेदेगी
चोट फिर से देगी वो
फिर मुझे रुलाएगी

आँसू को मैं पौंछकर
वक़्त को बताऊँगा
है अभी भी हौसला
मैं तो लड़ता जाऊँगा
मैं तो लड़ता जाऊँगा।

– कातिब

"दोस्त का प्यार"

किसी दोस्त की ज़िंदगी की एक आंखों देखी दास्तां को महसूस करके इस नज़्म में लिखा है। लिखते वक्त जितनी खुशी महसूस हुई थी, वो हर बार पढ़ने पर अब भी होती है।

क्या आप कभी अपने किसी दोस्त के लिए इस तरह खुश हुए हैं? अगर हुए हों, तो आज उन्हें फिर से याद कीजिएगा। और अगर नहीं हुए हों, तो आज कर लीजिएगा।

(कविता अगले पृष्ठ पर)

साथ में रहना जितना भी हो
मिलना-जुलना कितना भी हो
हँसना-गाना
कॉफी पीना
बातें करना
यूँही लड़ना
इन सब का वक़्त
ज़रा कम हो जाता है
जब आपके दोस्त को
किसी से प्यार हो जाता है

देखते ही देखते उसकी
प्रायोरिटीज़ बदलने लगी हैं
लेट-नाईट नहीं, अर्ली-
मोर्निंगस तक
अब जो बातें हो रही हैं

चेहरे पर भी अलग ही
एक रंगत सजी हुई है,
ये, जो थी, अब नहीं है
ये लड़की बदल रही है

नहीं उसकी ये खुदगर्ज़ी
हमें रास आ रही है,
मगर उसके लबों पे
ये हँसी भा रही है

ये पड़ाव ज़िन्दगी का
अब उसका बदल रहा है,
नई मंज़िल सामने है
नया रास्ता दिख रहा है

खुद को खोकर ही उसने
अब खुद को पाया है,
मुश्किल बहोत हुई पर
अब मज़ा आ रहा है

चेहरे पर चमक और
ये साँसें बढ़ रही हैं
इश्क़ की हवाएँ जो
उसके साथ चल रही हैं

मेरे साथ बैठे-बैठे
कहीं उसका खो जाना
बिन बात के ही फिर
बेवज़ह मुस्कुराना
DP में भी अचानक
नए शख्श का दिख जाना
वो लिख रही है
इस मोहब्बत का अफ़साना

मन मे थोडी झिझक है
और डर भी लग रहा है,
कहाँ आसान होता है यूँ
दो दिलों का मिल पाना?

जितनी प्रैक्टिकल है वो
उतनी ही दिल की समझ है,
इन घटती-बढ़ती धड़कनों की
उसे अच्छे से ख़बर है

दिन तन्हा नहीं अब
दोनों साथ में बिताते हैं,
चाँद के आने से पहले
ईवनिंग वॉक पर भी जाते हैं

मेरे फ़ोन पहले से ज़्यादा
वो इग्नोर कर रही है,
डेट-नाईट होगी शायद
वो थोड़ा सँवर रही है

मैं साकी जाम उसका
फिर से भर रहा हूँ,
दोस्त की खुशी में
ये नज़्म लिख रहा हूँ

मगर इसका ये मतलब
बिल्कुल भी नहीं है,
की उसकी ये खुदगर्ज़ी
मैं नज़रंदाज़ कर रहा हूँ

मैंने पहले भी कहा था
अब फिर से कह रहा हूँ,

आसान होगा आगे से
दोस्त के लिए मुस्कुराना

कि

साथ में रहना जितना भी हो
मिलना-जुलना कितना भी हो
हँसना-गाना
कॉफी पीना
बातें करना
यूँही लड़ना
इन सब का वक़्त
ज़रा कम हो जाता है
जब आपके दोस्त को
किसी से प्यार हो जाता है।

- कातिब

"हिरण"

गुलज़ार साहब की एक नज़्म है 'तआकुब' (चेज़), जिसमे उन्होंने ज़िंदगी में हमारे सपनों की जो चेज़ होती है, उसकी बात का ज़िक्र किया है। उसे पढ़कर और इंस्पायर होकर जब अपने खयाल के साथ जोड़कर देखा तो यह कविता लिख पाया।

इसमें तआकुब की बात भी है, प्यार की बात भी है, अपने सपनों के पास पहुंचकर उन्हें खो देने की बात भी है और खुद से मिल जाने और खुद को समझ पाने की बात भी है।

वो इसलिए क्योंकि हम कभी भी सिर्फ एक चीज़ की चेज़ नहीं कर रहे होते। उसको पाने के लिए कई और चीज़े होती हैं जिन्हें भी चेज़ करना पड़ता है। उसी चेज़ को हिरण का नाम दिया है इस कविता में।

(कविता अगले पृष्ठ पर)

हिरण छरहरी,
मटक-मटक के
उछल-उछल के
ठुमक-ठुमक के
चलती है
वन में कुछ ऐसे,
जैसे टहलने आई है

सूखा होगा गला भी उसका
गर्मी से वो त्रस्त भी होगी
डुबकी मारेगी पानी में,
फिर जाकर मदमस्त वो होगी

शायद उसको ख़बर नहीं है
मैं घात लगाए बैठा हूँ,
लगता है कोई भ्रम है उसको
मैं कमान संभाले बैठा हूँ

खेले है पानी में ऐसे
बम्बई की बारिश में जैसे
तुम भीगती हो
छोड़ूँगा जब भी मैं तीर
सीधे उसके गले लगेगा
तुम कमबख्त बहोत हो लेकिन
उसकी जान बचा ही लोगी

वो हिरण है, या की तुम हो
जिसका शिकार मुझे है करना
ना मारा अगर उसको मैंने
तुम फिर आज चली जाओगी

फिर तन्हा मैं हो जाऊँगा
ये तीर भी मुझको कोसेगा
शूर-वीर कहते हो खुदको
लाँछन देकर वो धुत्कारेगा

अब जो कमान उठाई है
उसका आदर भी करना है
दाग निशाना आँख में उसकी
विजयी होके घर जाना है

पर बात तो ये भी है की
हार का मुझको भय नहीं है
तुमको जीतना पड़ जाए अगर
ये जीवन का कोई खेल नहीं है

निकला तीर कमान से अब है
पेड़ में जाके दम तोड़ेगा

हार के सैनिक घर लौटा है
अब ये चर्चे भी होने हैं

ना हिरण मरी ना मैं जीता
तुम भी फिरसे दूर हुईं
अपनो में खुश वो रहती होगी
मैं यूँही तन्हा बैठा हूँ

हिरण छरहरी,
मटक-मटक के
उछल-उछल के
ठुमक-ठुमक के
चलती है
वन में कुछ ऐसे,
जैसे टहलने आई है।

- कातिब

"तुम जब आओगी"

एक समय ऐसा भी आया जब मन ही मन ये ख्वाहिश जागी की ज़िंदगी के इस दौर में किसी का साथ होना चाहिए। हकीक़त कुछ और थी मगर सोचने की कहां कोई सीमा होती है। तो लगा कि जिसके भी आने का इंतज़ार मैं कर रहा हूं, जब वो आयेगी तो कैसा होगा? क्या मेरी कुछ उम्मीदें, कुछ चाहतें हैं अपने पार्टनर से या वो जैसी भी होगी मेरे लिए बस उतना ही काफ़ी होगा? अगर उम्मीदें हैं तो क्या हैं, अगर नही हैं तो क्यों नहीं?

ऐसे ही हज़ारों सवालों से मन जब जूझ रहा था तब अचानक ही एक खयाल आया और मैं उसी को लिखता चला गया।

(कविता अगले पृष्ठ पर)

मैं इंतज़ार में बैठा हूँ
कुछ राहें-वाहें तकता हूँ,
दिन, दोपहरी, शाम, सवेरे
बस प्रेम कविता लिखता हूँ

लोग देखकर मुझको कहते हैं
तुम बैजू-बावरा हो गए हो,
उन सब को क्या ही समझाऊँ
मैं किसके ख़्वाब सँजोता हूँ

लेकिन तुम इन सब से दूर
जाने कौन देश में हो,
वहाँ मन है जब तक रहना तुम
और जब जी चाहे तब आना,
तुम अपनी मर्ज़ी से आना

तुम आते-आते आ जाना
और आकर फिर तुम मत
जाना,
जो वक़्त लगेगा आने में
तो ना जाने की ख़ातिर ही
आना

और जो आकर लगे तुमको
क्यों आ गए, ना ही आते,
तो सोच समझ के इस सोच
को तुम
छोड़-छाड़कर ही आना

हमें प्रेम कहानी लिखनी है
हमें लिखने हैं नए सीता-राम,
पर जब तक तुम ना आ जाओ
मैं काट रहा तन्हा बनवास

तुम सात समंदर पार से आओ
या लोकल की भीड़ के बीच,
पर आते-आते रस्ते से तुम
कुछ बीते मौसम ले आना

मेरे घर के बाहर बग़ीचे में
सारे मौसम हम बो देंगे,
हर रोज़ ही देंगे पानी उनको
और प्यार की धूप से सींचेंगे

तुम आकर मुझको बतलाना
जो भी रंज है सीने में,

क्यों दुखता है, कब दुखता है
किस बात की टीस है जीने में

शायद मेरी भी बात कोई
आख़िर तुम तक पहुँच जाए,
तो अपने दिल के कोने का
एक कमरा मुझको दे देना

और जब भी लगे तुमको
तुम तन्हा हो, अकेले हो
तो देकर दरवाज़े पर दस्तक
तुम सीधे अंदर आ जाना

फिर

तुम आते-आते आ जाना
और आकर फिर तुम मत
जाना,
जो वक़्त लगेगा आने में
तो ना जाने की ख़ातिर ही
आना।

– कातिब

"बालकॉनी"

कुछ लोग हमारी ज़िंदगी में भले ही कम वक्त के लिए ही क्यों ना रहे हों मगर उनके जाने के बाद ही हमें महसूस होता है की उनका हमारी ज़िंदगी पर कितना गहरा असर रहा है।

कुछ हमें बेहतर बनाके जाते हैं तो कुछ बत्तर।
कुछ हमारे बिखरे हुए टुकड़े जोड़ते हैं तो कुछ उन्हें और कई हिस्सों में बाट देते हैं।
कुछ हमसे सीख कर जाते हैं तो कुछ सिखाकर।
कुछ के जाने के बाद भी पहचान बनी रहती है तो कुछ सारे ही बंधन तोड़ जाते हैं।
कुछ के इतने करीब आ जाते हैं कि उन्हें अपना सब कुछ दे देते हैं तो कुछ अपने साथ हमारा सब कुछ ले जाते हैं।

ऐसी ही एक मुख्तसर सी मुलाकात थी। जिसकी यादें आज भी सीने में मौजूद हैं।

(कविता अगले पृष्ठ पर)

मेरे इस छोटे से
दो कमरो के फ्लैट में
बैडरूम से होते हुए
जो बालकनी जाती है,
वहाँ अब भी
दो कुरसियाँ रखी हुई हैं

पिछली बारिश में तुमने
क्रॉफर्ड मार्केट से ख़रीदी थीं
और गुस्से में
मुझसे कहा था कि
अगर मैंने
आज ये कुरसियाँ नहीं ली
तो तुम भी कभी घर नहीं
आओगी
उस वक़्त,
तुम्हारी झूटी धमकियों से
डरकर
नापसंद होते हुए भी
मैंने ये कुरसियों का जोड़ा
खरीद लिया था
और उन्हें लाकर रखा था
यहाँ, इस बालकॉनी में

उधर सनसेट के वक़्त
चाय पीते-पीते
सूरज को ढलता देखते हुए
कितनी ही शामें गुज़ारी हैं
और ना जाने,
कितनी ही रातों ने
सुबह तक वहाँ
हमारी कहानियाँ सुनी हैं

वहीं पर,
शू रैक के ऊपर रखे
दो छोटे गमलों में
तुमने,
कुछ महीनों पहले जो
पौधे लगाए थे
आकर देखो,
उनका कद थोड़ा और बढ़ गया
है
कई सारी कलियाँ भी हैं
और कुछ दिनों में
फूल भी आ जाएँगे
और ये बालकॉनी फिर से
तुम्हारे लैवेंडर परफ्यूम की तरह
महकेगी

किसी हाउस पार्टी की
जो बियर बॉटल्स थी
उन्हें पेंट करके
LED लाइट्स लगाकर
बालकॉनी में लगाया था
शाम को उसकी परछाई
जब खाली कुरसियों पर
पड़ती है,
तो ऐसा लगता है जैसे
तुम भी वहीं
मेरे साथ बैठी हो

वो जो बालकॉनी के बीच में
कुरसियों के पास रखी
छोटी सी टेबल है
उस पर,
कुछ पुराने अखबारों के साथ
तुम्हारी यादों की अब,
बस धूल चढ़ी है

बारिश से बचने के लिए
जो कैनोपी लगवाई थी
उसकी तार पर सुबह-सुबह

कुछ कबूतर आकर बैठते हैं
उनके शोर से ही
नींद खुलती है अब मेरी

ये बालकॉनी ही अब तो
दोस्त है मेरी,
यहाँ बैठकर इसी के संग
मैं वक़्त बिताता हूँ
कुछ मैं कहता हूँ,
कुछ वो सुनाती है
तेरे साथ बीता वक़्त फिर
हम दोनों याद करते हैं

उसे हँसी पसंद है
और मुझे जुल्फें तुम्हारी
इस बात पर भी कई दफ़ा
टकरार हुई हमारी

रात को जब कभी भी
चाँद मिलने आता है
हर बार ज़िक्र तुम्हारा
मुझसे वो करके जाता है

उसको अब भी लगता है
तुम वापिस ज़रुर आओगी
ऐसे रूठ कर कोई थोड़ी
हमेशा के लिए जाता है

शायद कुछ सदियों तक
तुम्हारा इंतज़ार करना है
ना मिल सकेगा वापिस
मगर,
मुझको तो प्यार करना है

मैनें देखी थी मोहब्बत
और तुमने दुनियादारी
तुम खुश हो अब ज़िन्दगी में
कोशिश, मेरी भी है जारी

अब ये कारवाँ भी
जाने कब तक रहेगा जारी
बैठे हैं यादें थामे
मैं और ये बालकॉनी तुम्हारी।

– कातिब

facebook

"फ्रेंड रिक्वेस्ट"

ये कविता सच्ची घटनाओं पर आधारित है।

ये ज़िंदगी के उस दौर की बात है जब मुझे आख़िरी बार किसी से प्यार हुआ था। उससे भी थोड़ा पहले, ये कविता उस प्यार कि शुरुआत की कहानी है।

मुझे कहां पता था कि मेरी एक छोटी सी पहल ज़िंदगी के इतने बड़े मोड़ तक ला सकती है। जहां थोड़ी सी हिम्मत, सच्चे दिल से की गई कोशिश और फेसबुक की मदत से भेजी गई एक फ्रेंड रिक्वेस्ट उस रास्ते तक ले आयेगी जहां से एक नए खूबसूरत सफर की शुरुआत होती है।

(कविता अगले पृष्ठ पर)

मैं तो बस यूंही
रोज़ ही की तरह
फेसबुक चला रहा था
किसे कितने मिले लाइक्स
कौन सा नया वीडियो आया
कई घंटो से बस
यही देखता जा रहा था

जब न्यूज़ फ़ीड अपडेट हुई
तो स्क्रीन पर 'न्यू फ्रेंड्स सजेशंस' में
तुम्हारी तस्वीर दिखी
अचानक से मन,
दो साल पीछे कॉलेज पहुंच गया
जहां पहली बार तुमको
एकेडमिक ब्लॉक में देखा था

फिर क्या था
4जी से भी तेज़
स्क्रीन पर उंगली पड़ी
और पलक झपकते ही
तुम्हारी प्रोफाइल सामने आ गई
वाई-फाई का भी शुक्रिया
तुमसे मिलवाने में
उसने देर नहीं होने दी

घर दिल्ली में है, सिंगल भी है
प्रोफाइल फोटो में बाइक चला
रही है
ट्रेवलर, राइटर, इंट्रोवर्ट
ट्रेकिंग पर भी जाती है
पिंक फ्लॉयड फेवरेट बैंड है
और नीलेश मिश्रा को भी
सुनती है
क्या ऐसा भी होता है?

बस यही एक सवाल लिए
अगले चंद घंटों तक
तुम्हारी सभी तस्वीरें देखीं
सारे कमेंट्स भी पढ़े
फिर बिना कुछ सोचे
दिल की बस आवाज सुनकर
तुम्हे 'फ्रेंड रिक्वेस्ट' भेज दी

"अब वक्त ही बताएगा
कि दिल तेरी तक़दीर क्या है
अकेला ही रहेगा तू
या फिर साथ में ये सिलसिला
है"

अगले दिन ऑफिस में
मैं बस फोन को ही देखता रहा
दोस्तों की कानाफूसी सुनी
और बॉस ने भी कई दफे घूरा
काम करते वक्त भी
मन में बस तुम्हारे ही खयाल आए

अभी मीटिंग से निकला ही था
कि कमबख्त फोन फिर से बज
उठा
टेक्नोलॉजी को कोसते हुए
स्क्रीन पर नोटिफिकेशन देखते ही
आँखें फिर चमक उठीं
सांसें तेज़ चल पड़ीं
मुस्कुराहटें छुपी हुई
हँसी सी बनके खिल गईं

'यू एंड हर आर नॉउ फ्रेंड्स ऑन
फेसबुक'

अगले कई रोज़, कई हफ़्तों तक
उनसे बातें की
कभी रात-रातभर जागकर
उनकी पसंद-नापसंद जानी
तो कभी ऑफिस में और दोस्तों के
बीच

उबासियां चुराई या फिर फोन
पर ही लगे रहे
और कभी-कभी तो बातों-बातों
में
एक-दूसरे में खुद को भी देखा
'इतनी नाजुक सी ये जो बात है
शायद दिल मेरा अब उनके
पास है
रिश्ते को डोर थामे हुए
बाकी बस एक मुलाक़ात है'

अगले दिन फोन पर
मेरी बात काटते हुए उन्होंने
कहा
"अच्छा सुनो, कुछ पूछना था
तुमसे
इस सैटर-डे, शाम 7 बजे
कॉफी पर मिलें?
तुम फ्री हो या फिर तुम्हारे कुछ
प्लांस हैं?"

अजी,
आप आइएगा शहर हमारे
तो काम सारे छोड़ देंगे
वक्त को रिश्वत हम देकर
कुछ और घंटे उधार लेंगे

अब मैं फेसबुक को कोसता
नहीं हूं
अगर ये ना होता तो हम-तुम
अजनबी ही रहते
और हमारी नज़रें
कॉलेज में मिलकर ही बिछड़
गई होतीं

पर उम्मीद है, इस सैटर-डे की
शाम
शायद
दो रिलेशनशिप स्टेटस चेंज
होगें।

– कातिब

"मकान"

किसी भी बच्चे के लिए ये काफ़ी मुश्किल होता है कि वो अपने पिता को एक पिता की तरह नहीं बल्कि एक साधारण इंसान की तरह भी देख सके। क्योंकि बच्चे इक उम्र तक अपने पिता को एक हीरो की तरह देखते हैं। फिर एक उम्र में वो उनके लिए विलन भी बन जाते हैं। जो की तब होता है जब पिता और बच्चे की सोच का अंतर बढ़ता जाता है और दोनों ही एक दूसरे के फैसलों को सही समझना बंद कर देते हैं।

तो इस हीरो और विलन की लड़ाई के बीच बच्चे के लिए ये देख पाना बहुत मुश्किल हो जाता है कि आखिर पिता होने के साथ-साथ, वो एक इंसान भी हैं।

पर फिर एक वक्त आता है जब इस हीरो और विलन की लड़ाई से बच्चे भी थक जाते हैं। और इत्मीनान से सोचने पर उन्हें पिता के पीछे छुपा हुआ वो साधारण इंसान भी दिखने लगता है। मेरे साथ ऐसा तब हुआ जब मैंने अपने पिता को उनके किसी सपने को पूरा करते हुए देखा।

(कविता अगले पृष्ठ पर)

मेरे पापा ना,
एक मकान बनवा रहे हैं
तीन मंज़िल का,
बड़ा और ऊँचा सा है
तीन-चार महीनों में
बनकर तैयार खड़ा होगा
नए पेंट की ख़ुशबू से महकता
और ठंडे फर्श में लिपटा

मेरे पापा,
बैंक में क्लर्क हैं
तो ज़िंदगी भर जोड़ी हुई कमाई,
निजी लोन,
और उम्र भर के टूटे हुए सपनो से
ये मकान बनवा रहे हैं

ज़िंदगी के पहले पचास साल
भले ही अपनी मर्ज़ी से ना जिए हों
क्योंकि,
ज़िम्मेदारियों ने जवानी जो उनसे छीन
ली थी
और चालीस पार करते ही
खुद के लिए जब कुछ करने का
सोचा
तो बच्चों के सपनों ने उनके सपनें,
एक बार फिर से चूरा कर डाले

मगर अब तो
पचास छू लिया है ना,
पचास बरसातें जो सीने में क़ैद हैं
और उतने ही सावन और जाड़े भी हैं,
और अब तक
जो जुनूँ सोया हुआ था,
अब तो वो भी निडर है

अब वो दफ़्तर से सीधा
घर नहीं आते
कभी रेत और सीमेंट के
बोरे गिनते रहते हैं
तो कभी कमरे के बीच में
झूमर कैसा होगा?
ईंट, पत्थर के
बिना दीवारों वाले खानों में
खड़े रहकर,
बस यही सोचते रहते हैं

लिविंग रूम के लिए सेंट्रल टेबल
अभी से बुक कर दी है
और अब छुट्टी वाले दिन,
सिर्फ सोफे और कुर्सियों की
डिज़ाइन्स ही देखते रहते हैं

उम्र से अपनी
थोड़े छोटे हो जाते हैं,
जब माँ-बाप अपने किसी
सपने को जी जाते हैं,
उनकी चाल-ढाल और चेहरे पर
खुशमिज़ाजी रोशन रहती है,
फिर से वो दिल खोलकर
साथ में मुस्कुराते हैं

मगर कल रात
वो हर रोज़ से
कुछ ज़्यादा थके दिखे
शाम से ही,
मेन-गेट के सामने क्यारी बनाकर
उसमें पौधे लगा रहे थे
इस घर में भी,
जो अमरूद का बड़ा सा पेड़ है
वो भी उन्होंने ही लगाया था

उन्हें पहले भी
ऐसे ही काम में फसे रहते
देखा है,
ऑफिस में
सीनियोरिटी तो,
गुज़रते वक़्त के साथ मिल जाती है
मगर,
उन्होंने जो औदा कमाया है
उसमे, उनकी आधी ज़िंदगी
और हमारा बचपन भी शामिल है

घर और दफ़्तर की रेस में जो
सपने अब तक हारे थे,
उन्हें चंद लफ़्ज़ों में लिखकर अब
नेमप्लेट पर लगा देंगे

अगले चंद महीनों में
ये मकान जब बन जाएगा
गुज़रते हुए उन सालों में
एक साल और जुड़ जाएगा
इक्क्यावन के होते-होते
खुद को,
एक नए घर का तोहफा देंगे

जाड़ो की धूप में बैठे-बैठे
इक झपकी जब लग जाएगी
शाम की ठंड से बचाने उनको
माँ, एक चाय की प्याली लाएंगी

इस घर में,
हमने तो अपना बचपन जी लिया
अब, जो बची हुई उम्रें हैं
बचपन और जवानी की
उन्हें,
पापा के बाकी सपनों के साथ
इस नए घर में
पूरा करेंगे।

(यह पृष्ठ जानबूझकर खाली है)

"माँ"

जो भी बातें मैंने इस कविता में कही हैं वो सब किसी न किसी वजह से कभी भी अपनी मां से नहीं कह पाया। ना कह पाने का क्या कारण था वो तो नहीं पता। पर अगर उनसे कह पाता तो अच्छा होता। शायद एक दिन ज़रूर कहूंगा।

(कविता अगले पृष्ठ पर)

कुछ परिंदे हवाओं संग
जब उड़ने लग जाते हैं
परों को फैलाकर वो
घटाओं पर तैरने लग जाते हैं
अपनी उड़ानों से वो
छूने लगते हैं आसमान शायद
पर अपने घौंसले में पीछे
कहीं अपनी पहचान छोड़ जाते हैं।

ऐसा लगता है जैसे
कल ही की बात हो
जब अपना सारा सामान
एक बैग में बंद करके
घर को छोड़कर
रात की वो 11 बजे वाली
ट्रेन पकड़ी थी

कहा पता था कि
मां चाहती नहीं हैं की मैं जाऊं
क्योंकि, स्टेशन तक छोड़ने तो
वो खुद भी आईं थी ना
मुस्कुराकर, गले लगाकर
मुझसे कहा था कि अपना ध्यान
रखना
और मन लगाकर पढ़ना

वो हिंदी की टीचर हैं
जिस तरह स्कूल में बच्चों के
हज़ार बहाने सुनने के बाद भी
शैतानी करने पर कान पकड़कर
क्लास के बाहर निकाल देती हैं
वैसे ही अपने आंसुओं को ऑर्डर दिया
था
बाहर ना निकलने का
तो भला कैसे मजाल होती आंसुओं
की
बह जाने की

मैं भी तुमसे जो वादे करके आया था
शहर पहुंचते ही सारे तोड़ डाले
तुम्हें पता था ना मां
तुम फिर भी चुप रहीं

वक्त ठहरा नहीं
दिन सालों में बदल गए
मैं कुछ बड़ा हो गया
कद भी थोड़ा ऊंचा हो गया
तुम थोड़ी और छोटी हो गईं
मगर अब
तुम्हें गले लगाने में मज़ा आता है

पहले पढ़ाई ख़त्म हुई
फिर जॉब भी लगी
और अब उसमे भी कई
साल बीत गए हैं
पर इस बीच जब भी मैं घर आया
तो लगा ही नहीं कि तुमसे दूर रहता हूं

अब मैं अपने कमरे में जब भी जाता हूं
तो देखता हूं की
कुछ बदला बदला सा वो है
उसका रंग भी अलग है
चीज़ों का ढंग भी अलग है
किताबें जमी हैं कपड़े बिखरे नहीं हैं
पर उस कमरे में अब भी
रखी है वो ट्रॉफी
जो मुझको कभी तो
स्कूल में मिली थी
मां
मुझे एक बात बताओ
कैसे संभाले रखा है अभी तक
अपने दामन में तुमने मेरा वो बचपन?

मुंबई में,
बिल्डिंग्स बहुत ऊंची-ऊंची हैं
पर घर बहुत छोटे-छोटे
मुझे न अब अपना छोटा सा घर
बहुत बड़ा लगने लगा है
अब उसकी अहमियत समझ आई
उसका प्यार और बढ़प्पन समझ आया
और साथ-साथ, तुम्हारा भी मां

अब भी याद है मुझे
बचपन में तुमसे कहानियां सुनने के
लिए
जल्दी होमवर्क ख़त्म करके
अपने बिस्तर पर लेट जाया करता था
और फिर
तुमसे कहानियां सुनते-सुनते
कभी परियों के घर चला जाता था
तो कभी नानी के गांव
पर मां
अब मैं अपने बिस्तर पर लेटा रहता हूं
बहुत देर होने पर भी
ना ही नींद आती है
और ना ही तुम

सच कहते थे जो भी कहते थे
इक दिन बचपन जायेगा
वो जायेगा तो फिर ऐसे
कि लौट कभी न आयेगा
रख लेना दामन में भरके
उन भूली बिसरी यादों को
पापा की उन सब डांटों को
और मां की उन सब बातों को

तुम्हें याद है मां
जब कभी घर में
तुम्हारे दोस्त आते थे
और तुम उनके लिए चाय बनाती थीं
तब वहीं, तुम्हारे बगल में खड़े रहकर
मैंने भी
चाय बनाना सीख लिया था
अब
घर में जब मेरे दोस्त आते हैं
और मैं सभी के लिए चाय बनाता हूं
तो उनको मेरे हाथ की बनी हुई
तुम्हारी वो चाय
बहुत पसंद आती है
सब "थैंक यू" बोलते हैं तुम्हें

अब मैं अपने साथ-साथ कुछ बातें
तुम्हारी सिखाई हुई लेकर चलता हूं
तो कुछ अपनी समझ और तजुर्बे भी
साथ हैं
पर जब भी हमारे खयालों में टकराव
होता है
और मैं गुस्से में खीज कर
तुम को चिल्ला देता हूं
अब से मैं ऐसा नहीं करूंगा

और अगर कभी करूं भी
तो तुम मेरा कान पकड़ कर मरोड़
देना
ज़ोर से एक टपली सर पर मारना
और एक बार फिर से
मुझे खींच कर ज़मीन पर ले आना
और अपने पास ही रख लेना।

(यह पृष्ठ जानबूझकर खाली है)

"अ़खबार"

हर रोज़ अख़बार में जो खबरें आती हैं, उनकी हेडलाइंस में छुपे हुए जो लोग होते हैं मुझे उन्में अपने समाज का व्यक्तित्व दिखाई देता है। जैसी खबरें होती हैं, वैसा ही समाज होता है या जैसा समाज होता है, वैसी ही खबरें होती हैं।

उन सभी छुपे हुए लोगों में कभी-कभी मैं खुद को भी देखता हूं। इसलिए जैसा वो सब मेहसूस करते हैं, मैं भी वैसा महसूस कर पाया। और वही सब इस कविता के माध्यम से कहा भी है।

इसमें पॉलिटिकल एंगल इसलिए है क्योंकि कभी-कभी ना चाहते हुए भी आप अपने सामाजिक वातावरण से प्रभावित होकर अपने ख्यालों को व्यक्त करना बेहतर समझते हैं। ताकि फिर उससे आगे बढ़ा जा सके।

(कविता अगले पृष्ठ पर)

बचपन में अखबारों में
जो किस्से बनकर छपते थे
आज उन्हीं किरदारों में
कहीं हम भी छुपकर रहते हैं

कभी आते-जाते यूँही जब
पन्नो पर नज़रें पड़ती हैं
तो दुनियादारी, बिज़नेस, खेल
हमें सब की ख़बरें मिलती है

कोने में किसी पन्ने के
एक इश्तिहार झलकता है
कभी दिल को भाता है तो फिर
जेबें हल्की कर जाता है

किसी सिंगर की तस्वीर दिखे
तो
कानों में नग़मे गूँजते हैं
कभी हीरो दिखता है तो फिर
उसकी पिक्चर चलती है

अभी दौरे पर हैं मोदीजी
सरकारी काम से घूमते हैं
वापिस घर कब लौटेंगे
इस मुद्दे पर चर्चे होते हैं

कहीं क़त्ल हुए, कहीं घर लूटे
और कोई बैंक भी लूटकर ले
गया
एक-एक करके हुए खुलासे
कोई U.K. तो कोई U.S.
भाग लिया

हर चाय की टपरी, नुक्कड़ पर
जहाँ रोज़ पंचायत बैठती है
वहीं अखबार के टुकड़ो में
वड़ा-पाव भी बिकता है

ना बदला है तो भैया
बस एक बात ना बदली है
के आमजन अब तक बरसों से
फूट-फूट कर रोता है

वही करे कमाई, वही टैक्स भरे
गड्ढों में सड़कें ढूँढ़के जो
हर रोज़ दफ़्तर पहुँचता है
सपने तो उसने भी देखे थे
पर उनकी किसको परवाह है

हो ओला, ऊबर या ऑटो
पेट्रोल सभी के लिए महँगा है
हर दूसरे महीने में एक रोज़
फिर से हड़ताल पर बैठना है

'मन की बात' कहना हो तो
लॉगिन करके ख़त लिख दो
कहीं अख़बार में छपेगा तो
पत्रकार को खतरा है

रेप की खबरें पढ़-पढ़कर
आँखों का पानी तब सूख गया
इक बच्चे ने डरकर जब पूछा
क्या क़ानून सच में अंधा है?

जाने कितने गाँव बहे हैं
इन बे-मौसम बरसातों में
अपने घर तक जो था आया
वो अख़बार भी गीला था

'अपना देश तरक्की पर है'
ऐसी खबरें भी छपती हैं
अच्छे दिन फिर से आएँगे
अब भी ऐसा लगता है

हम तो सच बोलेंगे, तुम देखो
जो सुन्ने में कड़वा है
अखबारों में कुछ किरदार छुपे
हैं
अब उनमें अपना चर्चा है।

बचपन में अखबारों में
जो किस्से बनकर छपते थे
आज उन्हीं किरदारों में
कहीं हम भी छुपकर रहते हैं।

– कातिब

एंड नोट

हर इंसान की एक कहानी होती है और हर कहानी के कुछ पहलू होते हैं। ये किताब मेरी कहानी के उन पहलू को आपके सामने ला रही है जिसमें इन कविताओं के ज़रिए आप मेरी रूमानियत, सादगी, सोच, लहज़े और तौर-तरीकों से मिलेंगे।

कुछ बातें पसंद आएं या अच्छी लगें तो मुझे बताइएगा और अगर कुछ बाते नापसंद आए तो मेहरबानी करके ज़रूर बताइएगा। इस पते पर मिलूंगा – @qatibswords

मस्ती में ज़ोर-ज़ोर से ठहाके लगाकर
मेरे किसी शेर को वाहवाही में रंगकर
दोस्त मेरे, मुझे "गुलज़ार" बुलाते हैं।

पता उन्हें भी है और खबर मुझे भी
कि ना वो शेर गुलज़ार सा था और ना ही मैं
कभी पूछें वो मुझसे तो मैं कहूँगा
कि मैं "कातिब" हूँ।

गुलज़ार सा तो मैं नहीं और ना ही कभी बन पाऊँगा
पर पहन के अपने 'बू' की खुशबू, मैं तो कातिब
कहलाऊँगा।

www.ingramcontent.com/pod-product-compliance
Lightning Source LLC
Chambersburg PA
CBHW040817120726
48005CB00012B/1437